EMILE GUIMET

PLUTARQUE
ET L'ÉGYPTE

(Extrait de la NOUVELLE REVUE*)*

PARIS

AUX BUREAUX DE LA *Nouvelle Revue*, 28, RUE DE RICHELIEU

1898

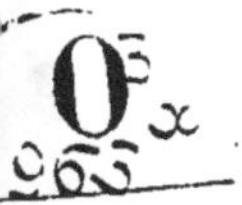

PLUTARQUE ET L'ÉGYPTE

O³a
963

EMILE GUIMET

PLUTARQUE

ET L'ÉGYPTE

(*Extrait de la* NOUVELLE REVUE)

PARIS

AUX BUREAUX DE LA *Nouvelle Revue*, 28, RUE DE RICHELIEU

1898

PLUTARQUE ET L'EGYPTE

Avec Apulée, Plutarque est l'auteur ancien qui nous a donné le plus de renseignements sur les croyances de l'antique Egypte ; mais, comme Apulée, ce sont surtout les idées grecques et romaines, les conceptions néoisiaques qu'il nous a présentées. Pour son traité sur Isis et Osiris il a essayé de puiser aux sources égyptiennes et il a pu même fournir de précieuses indications aux premiers égyptologues, mais ses documents sont bien hésitants ; il cite des auteurs qui, à part Eudoxe et Manéthon, se sont fort peu occupés de l'Egypte ; quant à lui-même, on peut se demander quelle était sa compétence pour parler des choses égyptiennnes.

Et d'abord, est-il vraiment allé en Egypte, comme on l'admet d'ordinaire ?

Dans ses propos de table (L. V. 9. 5.) il écrit :

L'abus évident des invitations devint le texte de plus d'un entretien à propos des repas donnés par chacun de ceux qui m'aimaient, quand ils me firent fête à mon retour d'Alexandrie. Ils invitaient successivement un grand nombre de ceux qu'ils croyaient attachés à moi par un lien quelconque ; et ces repas n'étaient que des réunions de table tout à fait tumultueuses et d'où l'on se retirait très promptement...

Voilà qui semble précis ? Plutarque déclare qu'il est allé à Alexandrie.

Les érudits de la Renaissance le font aller deux fois en Egypte.

Plutarque fit ses premières études à Alexandrie ; puis il visita toutes les villes de la Grèce et particulièrement Athènes ; de là il se transporta de nouveau en Egypte pour y apprendre les mystères de la théologie. D'Egypte il poind sa route à Sparte, chez les Lacédémoniens, pour prendre l'instruction de leurs préceptes moraux ; puis, chargé de ses honorables dépouilles, il s'en retourna en son pays, riche d'un trésor incomparable ; et là, il commença de paraître, comme un beau soleil esclatant et lumineux, sur tout le reste de la Grèce...

Plus tard on précisera davantage, on dévoilera quel était son compagnon de voyage. Si l'on ne peut dire à quelle époque eut lieu le séjour à Alexandrie, on suppose d'après les auteurs que Plutarque était jeune et que Théon l'accompagnait. Ce Théon figure souvent dans les dialogues de Plutarque, ainsi que ses fils qui se disputent, non sans esprit, avec les fils de Plutarque pendant que les pères dissertent gravement sur des sujets puérils, propos de table du reste. Théon était grammairien ; Plutarque l'appelle son camarade, mais sans dire qu'ils aient voyagé ensemble. Une seule fois Théon parle des contrées africaines à propos de Pythagore.

Il est avéré qu'il vécut longtemps avec les sages de l'Egypte ; qu'il avait surtout imité et expérimenté un grand nombre de leurs institutions religieuses, entre autres l'abstention des fèves. En effet les Egyptiens ne sèment ni ne mangent des fèves, *au rapport d'Hérodote*, et ils ne peuvent même supporter la vue de ce légume.

Quant aux poissons il est à notre connaissance que les prêtres, encore aujourd'hui, s'en abstiennent également. Par esprit de purification ils fuient le sel même, au point de ne manger aucun mets assaisonné de sel marin.

Les uns donnent à ces répugnances une interprétation et les autres une autre ; mais il n'y en a qu'une qui soit vraie ; c'est qu'ils ont horreur de la mer, la regardant comme un élément étrange et contraire à nous, ou plutôt comme tout à fait hostile à la nature de l'homme. Ils ne supposent pas que les dieux s'en nourrissent, comme les stoïciens disent qu'elle sert d'aliment aux astres ; et, au contraire, ils prétendent que dans ses flots trouva la mort le père et le sauveur de la contrée, celui qu'ils appellent « émanation d'Osiris ». — Ils déplorent le trépas de ce Sauveur, né disent-ils dans les parties à gauche de la contrée et mort dans celles de droite : par là ils désignent d'une façon énigmatique la fin et la déperdition du Nil laquelle se consomme dans la mer.

Voilà selon eux, pourquoi l'eau de la mer n'est pas potable et pourquoi les animaux qu'elle nourrit et qu'elle enfante ne leur semblent ni purs, ni propres à l'homme, ni respirant de la même façon que nous, ni vivant d'une nourriture analogue à la nôtre. L'air qui conserve et nourrit les autres animaux est pernicieux aux poissons tant la naissance et l'existence de ceux-ci est contraire à la nature et à l'utilité générale. Il ne faut pas s'étonner, continue Théon, si ce peuple tient les animaux qui vivent dans la mer pour étrangers à l'homme, pour impropres à s'assimiler à notre sang et nos esprits vitaux, puisque, quand les Egyptiens rencontrent des pilotes, ils ne daignent pas même leur adresser la parole, sous prétexte que ces gens vivent de la mer.

Voilà le passage qui a fait supposer que Théon est allé en Egypte. On n'y trouve pourtant pas l'accent de l'homme qui a voyagé, qui a vu de ses yeux, écouté de ses oreilles.

Pour ce qui est de l'horreur des Egyptiens pour les fèves, il n'en sait rien personnellement, il a lu ça dans Hérodote. Ce qu'il dit de Pythagore n'est pas très documenté. Plutarque lui-même a expliqué que ce philosophe parlait par symboles et que quand il recommande de s'abstenir de fèves cela veut dire de ne pas faire de politique car c'était avec des fèves que l'on votait. Quant à la répulsion que le poisson inspirait aux Pythagoriciens, c'était plutôt de l'amour, et Sylla, un des interlocuteurs, ne se gène pas pour dire à Théon que prétendre :

Que les Pythagoriciens s'abstiennent de poissons parce que ces animaux sont étrangers à notre nature, voilà qui est absurde, ridicule ou plutôt tout à fait sauvage. Oui, il y aurait quelque chose de cyclopéen à concéder aux autres animaux une sorte de similitude et d'affinité avec nous, afin d'avoir le droit de se régaler d'eux et de les mettre à mort.

Et Sylla raconte un trait du philosophe.

Un jour, Pythagore acheta le coup de filet d'un pêcheur, et ensuite fit rejeter à la mer tout ce qu'avait amené le filet. Ce n'était pas là mépriser les poissons, comme animaux étrangers et ennemis : c'était les traiter en amis, en parents qui ont été faits prisonniers et desquels on paye la rançon (1).

Voilà que s'écroulent les prétendues doctrines de Pythagore, servies par Théon ; mais avec elles s'effondrent aussi les préten_ dues croyances que de prétendus Egyptiens ont expliquées à Théon. C'est du reste tout ce que Théon raconte de l'Egypte ; en tant que notes de voyage prises par un philosophe, c'est maigre, et il pourrait bien se faire que ce compagnon gratuitement donné à Plutarque pendant son séjour à Alexandrie n'y ait jamais mis les pieds.

Mais je vais plus loin. Mon opinion ou mieux mon sentiment, car en ces recherches faites à travers de la littérature antique, fortement remaniée, il faut éviter d'être affirmatif, mon sentiment est que le philosophe de Chéronée n'a jamais voyagé sur les bords du Nil, pas plus que son camarade Théon.

I

Dans ses œuvres morales, Plutarque parle souvent de l'Egypte, donne des traits de mœurs, raconte des croyances, explique des phénomènes. Dans ses dialogues il met en scène des personnages qui ont visité ce pays et d'autres qui ont entendu dire certaines

(1) Je me sers le plus possible de la traduction de M. V. Bétolaud.

particularités sur les contrées qu'arrose le grand fleuve. Voyons quelle foi il faut accorder à ces renseignements et quelle sécurité peut nous donner sur leur authenticité la connaissance que Plutarque devait avoir de cette partie de l'Afrique.

Au repas des sept sages Thalès dit :

Le squelette des Egyptiens, qu'ils ont la sage coutume de produire et de placer dans la salle du festin afin d'engager à se souvenir que l'on sera bientôt comme lui, survient là comme un convive assez désagréable et intempestif, mais enfin la présence s'en explique. Si cette vue n'excite pas à boire et à se réjouir, elle engage du moins à s'aimer et à se chérir les uns les autres, et elle exhorte à ne pas allonger par des tracas pénibles une existence dont la durée est si courte.

Cet usage n'est confirmé ni par les textes égyptiens ni par les voyageurs antiques. Le squelette n'est figuré sur aucun monument de l'Egypte et le soin donné à la conservation des corps exclut l'idée de représenter la mort par des os décharnés. C'est à Rome au contraire, que nous trouvons cette mode. Trimalcion à la fin du repas se fait apporter un petit squelette en argent et prononce à ce sujet quelques paroles emphatiquement philosophiques. Le trésor de Boscoréal au Louvre nous montre des vases à boire en argent représentant des scènes exécutées par de petits squelettes. Pourtant le renseignement a du vrai et si Plutarque avait été reçu par un Egyptien il aurait pu rectifier et faire observer, avec Diodore de Sicile, que la sépulture en tombeau ne s'accordait en Egypte qu'aux grands personnages et que les momies familiales étaient conservées dans la maison d'habitation. Ainsi les ancêtres assistaient aux actes de leurs descendants, même au repas. En Chine c'est dans la salle consacrée aux tablettes ancestrales que se font les cérémonies importantes de la famille.

Dans le même banquet, à propos des flûtes faites avec des os d'âne, Niloxène dit :

Voilà précisément ce que les habitants de Busiris nous reprochent à nous Nancratiens ; car nous employons déjà les os d'âne pour la flûte. Chez eux, au contraire, c'est un sacrilège d'écouter même une trompette parce qu'elle rend un son qui ressemble au cri de l'âne. Or, vous savez sans doute que l'âne à cause de Typhon, est abhorré des Egyptiens.

A plusieurs reprises, Plutarque parle de la haine qu'on a vouée à l'âne sur les bords du Nil. Je me demande d'où peut venir cette assertion. Peut-être a-t-on confondu avec l'animal fantastique qui sert à écrire le nom du Dieu Seth et figure dans les cartouches de Sethi ; mais cet animal a les oreilles carrées comme une girafe :

Au musée de Leyde on conserve une fort jolie vignette sur papyrus, fragment d'un rituel funéraire ; on y voit un âne terrassé par le serpent des ténèbres et sauvé par un prêtre qui le défend au moyen d'une lance. Ici l'âne joue, comme dans beaucoup d'autres mythes, un rôle lumineux et ce n'est pas cette fonction rituelle qui a pu le faire prendre en horreur comme l'affirme Niloxène.

Toujours dans le même banquet Solon donne ces détails :

> Nous ne voudrons pas paraître moins judicieux que les Egyptiens eux-mêmes qui, après avoir ouvert les cadavres et les avoir exposés au soleil, en jettent les entrailles dans le fleuve, c'est quand le reste du corps est ainsi désormais purifié qu'ils s'occupent de l'embaumer car, par le fait, le ventre est la souillure de notre chair.

Ailleurs (sur l'usage de manger de la chair), Plutarque écrit:

> Pourtant il serait beau d'imiter les Egyptiens. Quand ils embaument leurs morts ils en enlèvent les intestins, et à la face du ciel les mettent en morceaux et les jettent au loin, comme étant la cause de toutes les fautes commises par le mort.

Si notre auteur avait assisté à un embaumement il aurait vu que les intestins n'étaient ni jetés au loin, ni mis au fleuve, mais qu'au contraire on recueillait avec soin le cerveau, le foie, le cœur et les entrailles pour les embaumer à part dans quatre vases mis sous la protection des génies Amset, Hapi, Tiaumoutef et Kébésenouf, chargés, au jour de la résurrection, de remettre en place dans le cadavre les viscères confiés à leur garde.

> Pourquoi se sert-on particulièrement de vautours en prenant des augures.

Telle est la demande que Plutarque s'adresse à lui-même dans ses questions romaines. Après plusieurs explications il ajoute :

> Enfin, s'il faut croire, d'après les traditions égyptiennes, que toute espèce de vautours est femelle, et qu'ils conçoivent en aspirant le souffle du vent d'Est, comme les arbres se fécondent au souffle du zéphyr, il en résulte, d'une manière assez vraisemblable, qu'ils fournissent des présages aussi exempts d'erreurs que solides. Les autres oiseaux au contraire, manifestent une extrême agitation quand ils s'accouplent; et leurs façons de se saisir, de s'éviter, de se poursuivre donnent lieu à beaucoup de trouble et d'incertitude.

Donc, tous les vautours sont femelles! Voilà de la singulière histoire naturelle. Et pourtant Plutarque ne se trompe pas tout à fait. L'hiéroglyphe de la déesse Maut, une déesse mère, est le vautour ; la racine de ce nom exprimant une idée de maternité, le vautour est figuré au-dessus des représentations royales avec le sens d'incubation, de protection. Aux dernières époques les déesses mères se coiffent de la dépouille d'un vautour, donc cet oiseau en tant qu'hiéroglyphe a un sens tout à fait féminin, de là l'erreur de notre philosophe ; le premier venu des prêtres de l'Égypte lui aurait appris cela.

Les familiers de Plutarque se préoccupent volontiers des mœurs des animaux, mais ils touchent à ces questions avec une ignorance qui n'a d'égale que leur aplomb à les résoudre. Un jour ils se demandent si c'est la poule ou si c'est l'œuf qui a été formé le premier ? Au cours de la discussion très sérieuse qui s'engage, Sottius s'écrie :

Aussi n'est-il fait mention d'œuf né de la terre. Bien plus, les poètes disent que le fameux œuf des Tyndarides était venu du ciel. Mais le limon de la terre produit, aujourd'hui encore, des animaux complets et entiers : des rats en Egypte; en beaucoup d'endroits, des serpents, des grenouilles, des cigales.

Voilà, chemin faisant, qu'on nous présente un précieux renseignement sur la façon dont les rats naissent dans ce pays étrange.

Quant à moi dit Callistrate, je crois que le porc est en quelque honneur auprès de la nation juive. S'il est une bête difforme et sale, il n'est pas plus déplaisant à la vue que l'escarbot, le chien, le crocodile, le chat... Or, chacun de ceux-ci, les uns dans un endroit, les autres dans un autre, sont adorés par les prêtres. Ils s'abstiennent aussi du porc, *à ce que l'on prétend*, et ils l'honorent. Car c'est cet animal qui, le premier ayant fendu la terre avec le bout de son groin, institua des traces de labour... Les Égyptiens qui labourent les terrains légers et bas de la contrée, n'ont en *aucune façon* besoin de recourir à la charrue, quand le Nil se retire après avoir bien trempé la campagne, ils suivent le fleuve et jettent des porcs dans ses flots. Les porcs piétinant et fouillant tour à tour, ont bien vite retourné le sol dans sa profondeur et recouvert la semence.

Voilà des troupeaux de porcs au service de gens qui n'en mangent pas ! Et dire que les monuments figurés ou écrits n'en parlent nullement.

Citons la musaraigne, continue Callistrate. Les Égyptiens l'ont déifiée *dit-on*, parce qu'elle est aveugle, et que dans leur opinion, les ténèbres sont antérieurs à la lumière. Ils *prétendent* en outre, que cet animal s'engendre de souris à la cinquième génération, dans la pleine lune, et encore que son foie va diminuant avec le décours de cet astre.

Il faut admirer vraiment cette profonde science zoologique; mais continuez Callistrate.

..... Il est aussi bien défendu aux juifs de tuer du porc que d'en manger. Peut-être, du reste, cette interdiction a-t-elle un motif; et de même qu'ils honorent l'âne comme leur ayant découvert une source d'eau (Samson ?) de même ils révèrent aussi le porc qui a été leur maître dans l'art d'ensemencer et de labourer la terre... Ce même peuple juif s'abstient de manger du lièvre, animal impur.

Ce n'est pas pour cela, reprend Lamprias; mais, à cause de sa similitude avec l'âne, celui des animaux qu'ils *vénèrent le plus*.

Et il ajoute :

Les Égyptiens, dans leurs hiéroglyphes désignent l'ouïe par une oreille de lièvre.

Nous savons que c'est une oreille de veau qu'ils ont employé.

Pour ce qui est de l'admiration des Égyptiens pour le lièvre que signale Lamprias dans le même paragraphe, il faut se reporter au titre *oun*. Dieu, donné à Osiris sous la forme *oun nefer*, le bon Dieu, ⌇ *oun* s'écrit avec le lièvre.

Plutarque qui avait lu Manéthon aurait pu nous donner quelques aperçus de l'histoire de l'Egypte.

Tout ce que nous trouvons dans ses œuvres est la lettre du roi Amasis, apportée par Niloxène au banquet des Sept-Sages :

Amasis, roi des Egyptiens, à Bias le plus sage des Grecs. Un roi des Ethiopiens engage avec moi une lutte de sagacité. Vaincu dans les autres épreuves il m'a posé un défi suprême, aussi étrange que considérable, ordonnant que je boive la mer. Si je résous la difficulté, j'aurai le droit de posséder plusieurs villages et plusieurs villes de son royaume; si je n'y réussis pas, il faudra que je lui cède les villes qui sont autour d'Eléphantine.

Et voilà les sages qui discourent, épiloguent, travaillent sérieusement à tirer d'affaire le roi d'Egypte, pour qu'il n'ait pas à boire la mer. Les Grecs ont de tout temps aimé les devinettes; résoudre des énigmes leur paraissait le summum de l'intelligence et de la sagesse; mais ces jeux d'esprit empruntés aux Syriens sont bien peu dans le goût égyptien.

Je sais qu'il y a le papyrus Sallier et la querelle d'Apopi, le roi pasteur et de Soknouri, le roi de Thèbes. Là, l'enjeu est la foi même des joueurs, le dieu Suteck contre le dieu Amon. En admettant le maximum d'hypothèse en faveur de l'authenticité historique de ce document, on voit que le beau rôle est joué par le pasteur qui invente l'énigme, dont le messager est honorablement reçu........ tandis que les savants du roi « se turent d'une seule

« bouche pendant un long moment et ne surent que répondre ni
« en bien ni en mal. »

Le conte est purement asiatique et s'il a été goûté par les Scribes
d'Egypte, qui en le recopiant ont eu soin d'appeler « impurs » les
envahisseurs, le roi Soknounri a dû mal prendre la plaisanterie
et répondre aux jeux d'esprit par des faits de guerre. Sa momie
trouvée à Deïr el Bahari, horriblement mutilée, toute fendue de
coups de hache, proteste contre ces relations littéraires entre sou-
verains de l'Egypte.

On comprend facilement que les rois d'Egypte et d'Ethiopie,
qu'Amasis et ses villages, Apopi et son Dieu sont mis là comme
on aurait pu mettre Salomon ou Crésus.

Sur la religion égyptienne, outre son célèbre traité sur Isis et
Osiris dont je parlerai longuement tout à l'heure, il donne quelques aperçus mais bien vagues et sujets à caution.

Les Dionysiaques, les Panathénées, les Thermophories, les mystères
d'Eleusis furent importés dans Athènes par Orphée, personnage originaire
d'Odryse. Etant allé en Egypte, Orphée opéra une transformation complète (?!)
dans le culte saint que l'on rendait à Isis, à Osiris, à Cérès (?) et à Bacchus (?)

Si Orphée n'était pas un être purement légendaire, on lui don-
nait là une rude besogne de voyageur en religion. Ailleurs à
propos de l'âme et du corps :

Nous risquons de faire quelque chose d'analogue au partage d'Horus, ce
partage *célèbre* dans la mythologie égyptienne. Comme Horus pour venger le
meurtre de son père *avait tué sa mère* (!) un des plus anciens dieux (?) avait
contre lui prononcé cet arrêt : Son sang et sa moelle devaient lui être laissés
comme dérivés en lui de son père par la génération ; mais la graisse avec les
chairs devaient lui être enlevées, comme s'étant formé dans le sein de
sa mère.

Horus meurtrier d'Isis, un être divin qui n'a que la moelle et le
sang, les égyptologues n'ont pas encore découvert ces choses dans
les papyrus.

Tyndares aux propos de table dit :

Les Egyptiens prétendent que leur Apis fut engendré par l'influence de
la Lune. Ils accordent complètement à un dieu mâle la faculté de cohabiter
avec une femme (en effet voir la naissance d'Hatshopset à Deïr el Bahari et
celle d'Aménophis III à Luxor) ; mais ils ne pensent pas que réciproquement
un mortel puisse communiquer à une déesse un principe de grossesse et de
génération : parce que, *selon eux*, la substance des déesses est seulement
un composé d'air, d'esprits, de certaine chaleur et de certaine humidité.....

Oui, telles sont les conceptions métaphysiques et théologiques des amis de Plutarque et de lui-même sur les divinités égyptiennes.

Il est à remarquer que, dans ses nombreux dialogues, dès qu'il est question de l'Egypte Plutarque se tait ; d'ordinaire il est assez loquace même pour parler de ce qu'il ne connait point. Quelqu'un demande pour quelle raison les bateliers font sur le Nil leurs provisions d'eau pendant la nuit et non pendant le jour. Plusieurs répondent, Plutarque écoute. Quand on discute sur la prétendue aversion des Égyptiens pour le poisson, notre auteur prend la parole, mais c'est pour parler de ceux qui ne sont pas de l'avis des Egyptiens.

Dans son chapitre géographique sur le Nil, ce qu'il écrit montre qu'il n'a jamais vu ce fleuve: il ne donne aucune appréciation personnelle. il copie des auteurs et en cite deux : Trasybule et Sosthène ; il reproduit des légendes absurdes. qui sont purement grecques malgré l'intervention de personnages égyptiens ou pseudo-égyptiens et il ne rectifie pas, il ne proteste point. On voit bien qu'il ne sait rien du pays dont il s'occupe.

Tout un chapitre est consacré aux proverbes dont *se servaient* les Alexandrins. On n'y trouve pas un mot de l'Egypte ni d'Alexandrie.

Tout est grec, les idées. les comparaisons, les mœurs, l'ethnographie. S'il s'agit des colons grecs de l'Egypte, ces proverbes ils les ont apportés de Grèce, pourquoi en faire honneur aux Egyptiens? Et pourquoi ne s'en servent-ils plus? Je pense qu'ici il y a eu une faute de copiste et qu'il ne s'agit pas des Alexandrins. N'y a-t-il pas un passage où Plutarque parle comme régal de la *neige d'Égypte* (préceptes d'hygiène) pays où il ne pleut presque pas et où il ne gèle jamais; ici le *lapsus calami* est évident. Pourquoi le seul endroit où il parle de son voyage à Alexandrie ne serait-il pas le résultat d'une faute semblable?

Mais si Plutarque n'a pas été en Egypte, peut-être s'était-il entouré de personnes ayant visité ce pays, son grand-père Lamprias par exemple qui, *dit-on* connaissait Alexandrie; ou même son père qui deux fois, dans les dialogues parle de sujets égyptiens; dans la dissertation sur l'amour, il mentionne les femmes de basse extraction qui ont dominé des rois, il cite Sémiramis :

« Et Bélesticha, grands dieux, n'était-ce pas une misérable femme barbare, acquise au marché? Cependant elle a dans Alexandrie des temples et des autels, qu'un roi (Ptolémée Philadelphe) lui consacra par amour, sous le nom de Vénus Bélesticha. » Les Égyptiens, dit encore le père de Plutarque, reconnaissent deux amours ainsi que les Grecs : l'amour vulgaire et l'amour céleste. Ils en supposent de plus un troisième qui est le soleil (?) et ils ont Vénus en grande adoration.

Suit une élucubration sur l'amour soleil et Vénus lune et puis c'est tout. Voilà le contingent que ce voyageur, fils de voyageur, apporte à l'histoire et à la théologie des Egyptiens.

Plutarque a pu être instruit des choses de l'Egypte par Ammonius, son maître qui au dire d'Ennape aurait habité Alexandrie. Mais quoique ce professeur, dans les récits que Plutarque met dans sa bouche, semble avoir une certaine connaissance des Egyptiens, il n'a pas, — M. Gréard le fait remarquer dans sa *morale de Plutarque* — l'accent de l'homme qui a vu.

Il est vrai qu'il y a Cléombrote qui prend volontiers part aux propos de table.

Il avait voyagé longtemps, dit Plutarque, en Egypte chez les Troglodytes (?) et navigué fort avant dans les pays voisins de la mer Rouge. C'était un homme avide de voir et possesseur d'une fortune suffisante. Il consacrait ses loisirs à parcourir le monde et il recueillait des traditions historiques, y voyant des matériaux pour la philosophie, laquelle a pour but la connaissance des divinités.

Voilà enfin l'homme qui va nous éclairer sur ce pays mal connu, voici venir l'observateur sagace qui nous dévoilera l'Egypte, ses croyances, son histoire, ses usages. Ecoutons :

Récemment Cléombrote avait visité Ammon (l'Oasis). Tout ce que renfermait ce temple n'avait fait naître en lui qu'une admiration médiocre, et il ne s'en cachait pas ; mais au sujet de la lampe qui ne s'éteint jamais il racontait un propos fort intéresant et c'est des prêtres qu'il le tenait. Ceux-ci prétendent que d'année en année cette lampe consomme moins d'huile.

Nous le voyons d'ici ce philosophe qui remonte le Nil, interrogeant les prêtres ; il a visité Héliopolis, Memphis, Thèbes ; il a dû admirer les monuments, relever les scènes historiques et religieuses qui y sont représentées, assister aux cérémonies, étudier les symboles, creuser les dogmes ; non, de tout cela rien ne le frappe, mais une lampe qui use plus ou moins d'huile le tient en extase.

Parlez-nous plutôt de ce qui concerne l'oracle d'Ammon.

Lui dit-on avec quelque raison. Cléombrote reste coi.

Il s'entretient ailleurs d'un homme extraordinaire qu'il a connu en Egypte.

En vérité, dit-il au sujet des Génies, je m'étonnerais fort si ce que j'ai encore à dire ne vous semble pas plus étrange que ce que j'ai avancé déjà..... je n'hésiterai pas à vous régaler du récit que je tiens d'un certain Barbare. Pour atteindre cet homme il m'a fallu errer longtemps et payer fort cher les indications par moi recueillies. C'est sur les bords de la mer Rouge qu'il se laisse voir à ses semblables, et cela n'arrive qu'une seule fois dans l'année. Le reste du temps il vit, à l'entendre, avec des nymphes nomades et avec des Génies. J'eus bien de la peine à le trouver ; mais l'entretien que j'obtins de lui fut plein de bienveillance. C'est le plus bel homme que j'aie jamais vu. Il a constamment vécu exempt de toute maladie. Il ne mange qu'une fois par mois, et sa nourriture, est le fruit d'une plante médicale fort amère. Il est exercé à parler plusieurs idiomes, mais presque tout le temps il s'exprima en dialecte dorien avec moi. Son langage n'était pas éloigné de ressembler à de la musique.

Quand il parlait une odeur délicieuse remplissait l'espace, parce que sa bouche, exhalait le plus doux parfum. D'autres études et d'autres sciences l'absorbent constamment, mais il y a chaque année un jour où il sent l'inspiration du souffle prophétique, et il se rend sur le bord de la mer pour annoncer l'avenir. Les personnages puissants et les secrétaires des monarques viennent le consulter et se retirent ensuite. Cet homme donc, attribuait à des génies la faculté divinatoire. Il faisait mention le plus souvent de Delphes, de ce que l'on y raconte sur Bacchus, des cérémonies religieuses qui s'y accomplissent.....

Ça continue longtemps sur ce ton. Vraiment à quoi bon voyager, mon ami Cléombrote ? A quoi bon risquer son argent et sa vie pour trouver enfin sur des bords étrangers un homme qui parle grec, et vous entretient de Delphes ? Vous êtes décidément un singulier touriste.

Parmi les commensaux de Plutarque, il faut, pour finir, citer Mezagène qui discourt volontiers sur les Juifs. « Bacchus est le dieu des Juifs, cela s'enseigne à ceux qui sont initiés au culte parfait » et..... il le prouve par de nombreux rapprochements — trois pages — ; malheureusement les détails qu'il donne sur les fêtes juives ne sont pas fort exacts.

En résumé il connaît la religion juive aussi mal que Plutarque et ses amis connaissent la religion égyptienne.

Si je critique ainsi, non pas quelques extraits, mais presque tous les passages où, dans l'auteur qui nous occupe, il est question de l'Egypte, ce n'est pas pour le plaisir de corriger les devoirs de l'élève Plutarque, mais pour montrer avec quelle légèreté les savants de cette époque accueillaient des renseignements faux. Est-ce à dire qu'il faille renoncer à chercher dans les œuvres du sage de Chéronée des lumières sur les mythes de l'Egypte ? Oh que non pas ! Dans le travail sur Isis et Osiris dont nous allons nous occuper, nous trouverons des détails précieux, mais perdus au milieu d'erreurs, noyés dans l'abondance des idées grecques, et c'est avec grand soin qu'il faudra analyser chaque partie de cette œuvre célèbre.

II

C'est à Cléa que s'adresse Plutarque. Il lui a dédié, d'autre part, une étude sur le rôle des femmes. Cela suffirait à prouver que le travail sur Isis et Osiris est bien de lui. Il dit, du reste, qu'il a connu Cléa lorsqu'elle fut déléguée comme prêtresse d'Isis au temple de Delphe, dont notre auteur était grand prêtre ; là elle présidait les Thyades. Son père, sa mère l'avaient initiée aux mystères d'Osiris ; elle représentait deux générations d'Isiaques. La forme de l'ouvrage qui procède par citations incessantes et ne donne rien du crû de l'écrivain est encore une présomption en faveur de Plutarque ; car c'est son système habituel. Dès le début, on constate les idées qui lui sont familières, cette aspiration platonicienne au monothéisme et, en même temps, cette impuissance à se dégager de la conception des divinités payennes : « la félicité du maître des dieux..... la connaissance de Dieu » dans la même phrase.

Ce traité est une réunion de notes recueillies un peu partout une agglomération de documents hétérogènes, qui pourraient faire penser que l'auteur était un copiste inintelligent et sans conviction, heureux d'accumuler dans son livre les opinions de tout le monde. Il est probable que son travail est devenu un cadre où d'autres ont ajouté pêle-mêle toutes les doctrines religieuses d'origine étrangère. Ceux qui veulent que cet ouvrage ne soit pas de Plutarque ont raison en ce sens que les parties manifestement ajoutées donnent à l'ensemble de l'incohérence et de la contradiction.

Ainsi les paragraphes 45, 46, 47, où les doctrines mazdéennes de l'antagonisme du bien et du ▬ sont exposées et affirmées n'ont aucun rapport avec le sujet traité et renversent, sans raison, les croyances acceptées par le philosophe béotien. Les paragraphes

48 et 49 raccordent maladroitement ces renseignements perses avec les doctrines égyptiennes.

De même les deux derniers chapitres qui traitent des parfums ont été ajoutés après coup, peut-être par Plutarque lui même. Ils nous donnent de précieux renseignements : c'est la résine que les prêtres brûlent le matin, la myrrhe qu'on brûle au milieu du jour et le Kiphy — dont il donne la formule — qu'on brûle le soir ; mais cela arrive comme un hors-d'œuvre alors que vient d'apparaître la superbe péroraison sur Dieu. Car, lorsque l'on élimine ainsi les parties qui ne concordent pas avec le plan général, avec les idées acceptées d'ordinaire par l'auteur, on reconnaît à ce travail une ordonnance qui ne manque pas d'homogénéité.

Nous avons vu que Plutarque n'était pas allé en Egypte et que les gens de son entourage n'étaient guère capables de le renseigner sur la religion de ce pays.

A quelles sources a-t-il donc puisé ? Il nous le dit lui-même : ceux qu'il a consultés sont : Manéthon, Hécatée d'Abdère, Solon, Thalès, Platon, Eudoxe, Pythagore, Lycurgue ; ces six derniers avaient visité les bords du Nil, mais, à part Eudoxe qui le guide le plus souvent, il ne retient des autres que des idées métaphysiques d'ordre général sur la nature des génies et des dieux, Pythagore l'induit en erreur constamment, car Plutarque prend pour égyptien ce que ce philosophe a rapporté de l'Inde. Manéthon le Sebennite a dû lui être plus utile, quoique ayant écrit à une basse époque, à un moment où toutes les pensées religieuses de la Grèce et de l'Asie avaient abouti à Alexandrie.

Chemin faisant, il cite encore Xénocrate, Chrysippe, Timothée, l'interprète Hellanicus, Herméus, Mnasias, Anticlide et Aristote, mais ce n'est pas sur l'Egypte qu'il les interroge ; il ne leur demande que des opinions philosophiques. Il aurait pu s'appuyer sur Hérodote et Diodore de Sicile. Ce dernier, peut-être l'a-t-il lu sans le citer. Quant à Hérodote il avait contre cet historien célèbre une véritable rancune ; il l'accusait nettement d'avoir fait ses conditions avec les peuples sur lesquels il écrivait, louant ceux qui lui donnaient de l'argent, admirant les rois qui le recevaient dans leurs palais et critiquant les nations pauvres ; faisant toujours jouer un vilain rôle aux Grecs qui n'avaient pas su flatter son goût pour les indemnités de voyage.

Bref, il conclut formellement que le père de l'Histoire n'hésitait pas à donner des soufflets à sa fille lorsqu'il y trouvait son intérêt. Si bien que s'il s'est instruit chez Hérodote il s'est bien gardé de le dire.

Arrivons maintenant à la légende d'Osiris et d'Isis que Plutarque raconte tout au long. Dès les premières lignes il se trouve retardé par cette idée grecque, si fortement établie chez Hésiode, qui veut qu'un Dieu soit toujours fils de quelqu'un ; et voilà Isis fille de Mercure... ou de Prométée.

Le long de l'ouvrage nous trouverons beaucoup d'autres généalogies embrouillées et contradictoires ; mais, soit qu'il ait voulu tout citer, soit qu'on ait ajouté ces renseignements, il n'y a pas lieu d'y attacher grande importance car l'influence hellénique est partout flagrante.

Ainsi au paragraphe 12, lorsque Osiris vient à naître, une voix — laquelle ? — s'écrie : « C'est le maître de toutes choses, » et il vient de nous apprendre qu'il y a déjà des dieux tels que Saturne, Mercure, Jupiter. Finalement les dieux de l'Egypte, quels que soient leurs parents, naissent dans cet ordre : Osiris, Horus, Typhon, Isis, Nephtis. Horus fils d'Isis voit le jour avant Isis. Osiris et Isis se marient avant de naître, dans le sein de leur mère qui serait Rhéa. Et ainsi de suite.

En montant sur le trône Osiris, raconte Plutarque, fit renoncer les Egyptiens à leur existence de privations et de bêtes sauvages. Il leur montra comment on se procure les fruits : il leur donna des lois, et leur apprit à *honorer les dieux*.

Plus tard il parcourut l'univers entier, y portant les bienfaits de la civilisation. Il n'eût que très rarement besoin de recourir aux armes. Ce fut par la persuasion, le plus souvent, et par la raison en y joignant l'attrait des chants et de toutes sortes d'harmonie, qu'il attirait les hommes. Typhon, son frère, en l'absence d'Osiris, n'avait rien innové, parce qu'Isis exerçait une active surveillance et maintenait vigoureusement toutes choses en leur état. Mais au retour d'Osiris il tendit à celui-ci des embûches, pour lesquelles il s'adjoignit soixante-douze complices. Il fut secondé en outre par une reine d'Ethiopie, nommée Aso, qui se rendit en Egypte. Typhon avait pris en secret la mesure du corps d'Osiris, et d'après cette grandeur il avait fait construire un coffre très beau et orné très richement. Le meuble apporté dans la salle du festin, excita des transports de joie et d'admiration. Typhon promit en plaisantant qu'il en ferait cadeau à celui qui le remplirait exactement en s'y couchant.

Tous essayèrent le coffre les uns après les autres; et il ne se trouvait à la taille de personne. Osiris y entra à son tour, et s'y étendit. A l'instant tous ceux qui étaient là s'élancèrent, et fermèrent précipitamment le couvercle.

Les uns l'assujettissent au dehors par des clous, les autres le scellent avec du plomb fondu. On le porte ensuite au fleuve, et on le fait descendre jusque dans la mer par l'embouchure Tanaïque.

Isis informée de l'évènement, se coupa, dans le lieu même où elle apprit la nouvelle, une de ses boucles de cheveux et se couvrit d'un vêtement de deuil.

Elle allait, errant de tous côtés en proie à l'inquiétude, et elle ne voyait passer personne sans multiplier ses questions.

Elle vint à rencontrer des petits enfants auprès de qui elle s'informa aussi du coffre. Il se trouva qu'ils l'avaient vu, et ils lui désignèrent l'embouchure par laquelles les amis de Typhon avaient fait entrer cet objet dans la mer.

Elle eut l'occasion d'apprendre qu'Osiris, dans ses amours, avait eu par méprise commerce avec Nephthys leur commune sœur, parce qu'il l'avait prise pour Isis. Elle se mit à la recherche de l'enfant, que la mère, après lui avoir donné le jour, avait exposé aussitôt par crainte de Typhon; Isis le retrouva difficilement, conduite par des chiens qui la dirigeaient. Elle se chargea de le nourrir; il devint son gardien et son suivant sous le nom d'Anubis.

Bientôt la déesse apprit le sort du coffre. Il avait été apporté par les flots sur le territoire de Biblos, et la vague l'avait déposé mollement au milieu d'une bruyère. La bruyère avait en peu de temps poussé de belles et grandes branches, au milieu desquelles elle enveloppa de tous côtés le coffre, en sorte qu'il était dérobé aux regards. Le roi du pays, émerveillé du développement prodigieux de cette plante, ordonna de couper la tige qui cachait le coffre par son feuillage, et en fit une colonne pour soutenir le toit de son palais. Instruite de cet incident par un vent divin de renommée, Isis se rendit à Biblos. Elle était assise près d'une fontaine dans l'attitude la plus humble, et, les yeux baignés de larmes, elle n'adressait la parole à personne si ce n'est aux suivantes de la reine. Mais quand celles-ci venaient à passer, elle les saluait, leur parlait affectueusement; et elle se mettait à tresser en nattes leur chevelure, répandant sur toute leur personne une odeur parfumée qui s'exhalait de son propre corps. Quand la reine revit ses suivantes, elle voulut savoir ce qu'était cette étrangère grâce à qui leurs cheveux et leur corps répandaient un parfum d'ambroisie. Elle l'envoya chercher et fit d'elle aussitôt son amie la plus intime demandant qu'elle devint la nourrice de son propre enfant.

Pour allaiter l'enfant, Isis, au lieu de mamelle, lui mettait le doigt dans la bouche ; et pendant la nuit elle lui brûlait ce que son corps avait de mortel. Elle-même devenait hirondelle, et voltigeait autour du pilier de bois en gémissant. Ce manège dura jusqu'au moment où la reine qui l'avait épiée, se mit à pousser de grands cris en la voyant porter le feu sur le corps de l'enfant. C'était vouloir enlever à celui-ci les gages de l'immortalité. La déesse se fit reconnaître et réclama la colonne qui soutenait le toit. Avec la plus grande facilité elle coupa cette tige, qu'elle enleva. Le bois fut par elle enveloppé dans un voile, et parfumé d'essences ; elle le confia aux mains des rois. Quant au coffre, elle se jeta dessus, et elle poussa des sanglots si forcenés que le plus jeune des fils du roi en mourut. Isis, ayant avec elle l'aîné, plaça le coffre sur un navire et gagna le large.

Dans le premier lieu écarté où elle se trouva, et quand elle fût toute seule, Isis ouvrit le coffre. Elle appliqua son visage sur le visage d'Osiris, le baisant et le couvrant de ses larmes.

L'enfant s'était approché par derrière et l'observait. Elle s'en aperçut en se retournant ; et, dans sa colère elle lui lança un regard si terrible, qu'il ne put résister à sa frayeur ; il en mourut.

Isis s'étant mise en route pour aller trouver son fils Horus qui était élevé à Butus, avait déposé le coffre hors de toute vue ; Typhon, une nuit qu'il chassait, le découvrit au clair de la lune, et il eût bientôt reconnu le corps. Il le coupa en quatorze morceaux qu'il dispersa de tous les côtés ; Isis l'ayant su, entreprit la recherche de ses lambeaux et monta dans une barque faite de tiges de papyrus avec laquelle elle se mit à parcourir les marais.

Plusieurs tombeaux en Egypte passent pour être la sépulture d'Osiris, attendu que la déesse en élevait un dans chaque endroit où elle découvrait un fragment de corps. Selon d'autres narrateurs Isis fit reproduire des images d'Osiris, et les donna successivement à chaque ville comme si ç'eût été le corps entier. C'était afin qu'il reçut le plus d'honneurs possibles et que si Typhon, l'emportant sur Horus, venait à découvrir le vrai tombeau, il désespérat de la vérité au milieu de récits et d'indications contradictoires.

Plus tard Osiris revenant de l'autre monde se fit voir à Horus dans des apparitions où il le brisait de fatigues et l'exerçait au

combat. Un jour il lui demanda quelle chose il estimait au monde,
être la plus belle de toutes. Horus répondit : « C'est de venger son
père et sa mère indignement traités. » Il lui demanda en second
lieu quel animal il estimait le plus utile pour qui s'en va combat-
tre : « un cheval » répondit Horus. Osiris trouva la réponse sur-
prenante, ne s'expliquant pas pourquoi ce serait un cheval plutôt
qu'un lion. « C'est qu'un lion, répliqua Horus, est utile quand on a
besoin de secours, mais un cheval sert à écraser l'ennemi et à l'ex-
terminer quand celui-ci prend la fuite. » Cette réponse combla de
joie Osiris qui regarda Horus comme suffisamment préparé. On
dit qu'une partie des Egyptiens passèrent successivement comme
transfuges du côté d'Horus et, avec eux Thuéris la concubine de
Typhon. Un serpent qui poursuivait cette dernière fut mis en piè-
ces par les soldats d'Horus, et en souvenir de ce fait ils apportent
dans leurs assemblées un bout de corde qu'ils coupent en petits
morceaux(1). Une bataille se livra laquelle dura plusieurs jours se
termina par la victoire d'Horus. Isis ayant reçu Typhon garrotté
ne le fit pas périr; au contraire elle le délia et lui rendit la liberté.
Horus en conçut une vive indignation ; et portant la main sur sa
mère, il arracha le bandeau royal dont elle se ceignait le front;
mais Mercure le remplaça par un casque qui figure une tête de
bœuf.

Typhon intenta un procès à Horus, prétendant que c'était un
bâtard. Celui-ci assisté de Mercure, fut déclaré légitime par les
dieux et Typhon eût encore le dessous dans deux autres batailles.
Isis, qui après la mort d'Osiris avait eu commerce avec lui, mit au
monde un fils né avant terme et faible des membres inférieurs :
c'est Harpocrate.

Tel est d'après Plutarque ce qu'on pourrait appeler le roman
d'Isis. Beaucoup de scènes font penser aux contes égyptiens que
les papyrus nous ont révélés. Mêmes détails très prosaïques qui
donnent au lecteur l'impression d'une histoire vraie, et aussi, subi-
tement, mêmes envolées vers le fantastique, mêmes étonnements

(1) Lorsque l'Anagarika Darmapala célèbra au musée Guimet un office
bouddhique, il termina la cérémonie en entourant les assistants d'un cordon
de soie jaune qui touchait le reliquaire, et dont les deux extrémités étaient
dans ses mains. Alors il chanta une prière en sanscrit, puis fit couper le
cordon en petits fragments que chacun emporta. — Il est possible que les
églises Isiaques disséminées hors d'Egypte aient adopté ce rite bouddhique
en lui donnant une autre signification.

du miracle accompli. Car dans les contes de l'Egypte, si voisins des récits des Mille et une nuits, il y a toujours un fond religieux ; les héros nous cachent des dieux et la légende est tout près de devenir dogme, quand ce n'est pas le dogme qui se transforme en anecdote, l'allégorie qui devient aventure.

Et c'est à ce point de vue que Plutarque, assez bien renseigné, a offert aux études égyptologiques un contingent précieux. Tout ce qu'il raconte sur Osiris est en partie confirmé par les rituels funéraires et par les hymnes à Osiris trouvés dans les inscriptions. Prisse a publié un dessin qui montre le sarcophage d'Osiris échoué auprès de la bruyère gigantesque ; il est vrai que la bruyère ressemble à un conifère, mais l'inscription gravée sur le coffre dit formellement « Arrivée d'Osiris. »

La belle Stèle nº 11 de la Bibliothèque nationale nous donne un hymne où l'on retrouve certains détails du récit grec. Le dieu massacre son ennemi, monte sur le trône de son père. « Sa sœur a pris soin de lui, traduit Chabas, en dissipant ses ennemis par une triple déroute ; c'est Isis, l'illustre, la vengeresse de son frère ; elle l'a cherché sans se reposer ; elle a fait le tour de ce monde en se lamentant ; elle ne s'est point arrêtée sans l'avoir trouvé ; elle a fait de la lumière avec ses plumes ; elle a fait du vent avec ses ailes ; elle a fait les invocations de l'enterrement de son frère ; elle a emporté les principes du dieu au cœur tranquille ; elle a extrait son essence, elle a fait un enfant, elle a allaité le nourrisson par le bras... »

Quant à Horus fils d'Isis « son ennemi tombe sous sa fureur et le fauteur d'iniquité au son de sa voix, le violent est à son heure suprême ; le fils d'Isis, vengeur de son père, s'approche de lui. »

Peut-être de nouvelles découvertes archéologiques viendront-elles encore confirmer l'exactitude de certains renseignements fournis par Plutarque, mais on voit, en somme qu'il n'a pas l'esprit égyptien, ni la conception de la métaphysique des prêtres des bords du Nil ; malgré les prodiges, son récit est très humain ; aussi entreprendra-t-il de démontrer qu'Osiris et Isis ne sont pas des dieux, mais des génies. S'il avait connu les hymnes hiéroglyphiques, il aurait vu qu'Osiris est assimilé à la fois au soleil et au Nil, qu'il est le créateur de toutes choses et le directeur de toutes les transformations, juge des hommes dans les deux mondes, l'être bienfaisant par excellence. Et notre philosophe qui cherchait le dieu supérieur l'aurait trouvé dans ces textes.

Il y arrivera pourtant ; mais par des chemins semés d'arguments

--et c'est Isis, plutôt que son frère qui bénéficiera de la démonstration.

Ses idées grecques le gênent : comme tous les anciens qui ont écrit sur l'Egypte, il donne aux dieux de ce pays les noms des divinités de l'Europe et ensuite il ne s'explique plus que Jupiter, Mercure, Cybèle, etc..... ont à voir dans les légendes qu'il raconte. Je ne cite qu'en passant certains traits de mœurs qui sentent bien l'époque ptolémaïque et qui n'ont pu figurer dans l'antique mythe osirien. Par exemple le procès que Typhon intente à son père, et le cheval que réclame Horus ; le cavalier égyptien est une rareté sur les monuments : les chefs allaient en char. Et lorsqu'on nous dit qu'Isis va voir son fils qui fait ses études à Butos, on confond avec quelque jeune grec qui suit les écoles.

M. Maspéro a raison de le dire : « Les renseignements des écrivains grecs et romains nous trompent au moins autant qu'ils nous instruisent et ne doivent être admis que sous toute réserve. » Mais il ne faudrait pas cependant souffler trop vite sur les lumières qui ont guidé les premiers égyptologues même en les négligeant çà et là. Parfois où l'on a cru que les classiques grecs et latins avaient fait erreur, de nouvelles trouvailles, des textes mieux compris viennent leur donner raison. Ainsi Plutarque nous apprend que le nom d'Osiris s'écrit en hiéroglyphes par un sceptre et un œil. On a reconnu que le nom de ce Dieu est représenté dans les textes par un trône et un œil, donc Plutarque s'est trompé. Eh bien non ! Deveria a expliqué que dans les textes de basses époques, les plus rapprochés par conséquent des écrivains où a puisé notre auteur, le dieu accroupi qui sert de déterminatif au mot divin tenait un sceptre et que peu à peu le sceptre est entré dans la formation du nom d'Osiris et y a remplacé le trône des textes les plus anciens et les plus connus.

Dans le traité que nous analysons plusieurs mots égyptiens nous sont enseignés. Osiris est appelé *Omphis* où nous retrouvons *oun nefer* dont j'ai parlé ; Isis est appelée *Mauth* qui n'est pas le nom d'Isis mais de la déesse associée à Amon et dont le nom veut en effet dire *mère* ; Isis est aussi appelée Athyri, ce qui est exact quand elle est considérée comme mère d'Horus, *Athor* et Plutarque dit fort bien qu'Athyri signifie *habitation d'Horus*.

Il donne à ce propos une bonne définition des Triades égyptiennes composées du père « l'idée » de la mère « la matière » et du fils « l'engendré », qui se rapproche de l'humanité ; en effet à Thèbes on adorait Amon, le Soleil, Mauth, la Maternité et Chons, le dieu de la médecine ; à Memphis : Phtah, le feu, Seket la nature et Imouthès, la science ; à Abydos : Osiris, le soleil nocturné, dieu des morts, et aussi le Nil, Isis, la terre, Horus, le verbe...

Sans le vouloir, Plutarque nous présente une très bonne explication du mot Sérapis, mais c'est en la critiquant qu'il nous la donne. Il trouve absurdes les assertions de ceux qui disent que c'est le nom du tombeau d'Apis, quoique la plupart des prêtres veulent que ce soit un composé du mot Osiris et du mot Apis (ce qui est exact du reste *Azar-Api*). Selon sa fâcheuse habitude il fait venir le nom du grec, tout en s'étonnant du résultat stupéfiant de ses étymologies. Heureusement il raconte l'anecdote de Ptolémée Soter et tout s'explique par un calembour, très certainement historique :

Ptolémée Soter vit en songe le colosse de Pluton qui était à Sinope. Il n'en soupçonnait ni la forme, ni même l'existence, et ne l'avait pas vu auparavant. Le Dieu lui ordonna de transporter au plus tôt à Alexandrie cette image gigantesque. Ptolémée ignorant où elle était placée se trouvait dans un grand embarras, et comme il racontait la vision à ses amis, il se rencontra un homme qui avait beaucoup voyagé. Son nom était Sosibius. Il déclara qu'il avait vu dans Sinope un colosse semblable à celui qui avait apparu au roi. Ptolémée envoya donc Soteles et Denys, lesquels après beaucoup de temps et de peine, mais non pas sans le secours d'une providence divine, dérobèrent le colosse et le ramenèrent avec eux. Dès que cette image rapportée eut été vue, Timothée l'interprète et Manéthon le Sibennite conjecturèrent, d'après son cerbère et son dragon, que c'était une statue de Pluton, et ils persuadèrent à Ptolémée que ce ne pouvait être une autre statue que celle de Sérapis.

Ainsi voilà Pluton *Sinopis* qui devient Pluton *Sérapis* et permet aux grecs d'Alexandrie d'assimiler Osiris funéraire, sous la forme du bœuf Apis, à leur Pluton, ce que désirait certainement Ptolémée. Les romains ont trouvé que ce dieu ressemblait à Jupiter et en ont fait un Jupiter des morts, Jupiter Sérapis.

A ce propos Plutarque nous donne le nom du séjour des défunts égyptiens, *Amenthès*, c'est bien l'*Amenthi* des hiéroglyphes ; mais notre fervent étymologiste lui trouve une origine grecque et s'écrie émerveillé : « Ce mot est-il encore un de ceux qui, sortis autrefois de Grèce, furent transportés en Egypte ? »

On voit que les informations que Plutarque nous donne sur l'Egypte ne lui sont arrivées que fort défigurées et que lui-même s'ingénie à les déformer. Cependant, avec des précautions, on peut encore en faire son profit.

Outre les taureaux Apis, nourris dans les temples de Memphis et d'Alexandrie comme étant des incarnations d'Osiris, il y en avait d'autres destinés aux sacrifices. Plutarque dit que ces derniers sont choisis de couleur rousse, pour rappeler la teinte des cheveux de Typhon ; les peintures de Thèbes et d'Abydos nous montrent des taureaux immolés de toutes les couleurs. Selon lui on supposait qu'ils renfermaient les âmes d'hommes pervers ; c'est là une idée indienne que les monuments ne confirment pas. Enfin il ajoute que ces taureaux étaient marqués d'un sceau représentant un prisonnier à genoux ; les parties récemment déblayées du Temple de Luxor nous montrent, dans une procession, trois troupeaux de taureaux sacrés, la tête ornée de plumes ; sur les croupes sont tracées des marques qui semblent être simplement les noms de leurs écuries ; la corne de leurs pieds démesurément longue indique qu'ils étaient soumis à la stabulation et n'étaient point utilisés pour les travaux agricoles.

L'auteur du traité nous dit que l'Apis ne devait pas boire l'eau du Nil. Dans un pays qui n'a d'autres sources que son fleuve il devait être assez difficile de désaltérer l'animal sacré. On creusait des puits à distance et l'on évitait ainsi au Dieu qui était Osiris, le Nil lui-même, de faire de l'autophagie en se nourrissant de sa propre substance.

Une description des fêtes célébrées à la mort d'Apis nous apprend que les prêtres, après avoir enseveli la bête, apportaient son corps dans une barque « ils se couvrent de peaux de faons, ils portent des thyrses, ils poussent des cris, ils s'agitent comme ceux qui sont possédés d'une sainte fureur aux orgies des Bacchanales. » C'est presque conforme à la vérité ; les prêtres avaient des peaux de panthères, ils portaient des guirlandes de fleurs, ils chantaient les hymnes, faisaient tinter les cistres, marchaient en mouvements cadencés ; mais nous verrons que Plutarque a la préoccupation que Bacchus et Osiris ne font qu'un. Il était affilié ainsi que sa femme aux mystères bacchiques et quand il s'adresse à Cléa, la prêtresse isiaque, il s'imagine volontiers qu'elle et lui sont les adeptes d'une même secte.

On n'en finirait pas de rassembler tous les documents presque exacts que nous donne notre auteur et qu'il altère en les interprétant à sa façon.

Il dit fort justement que les dieux égyptiens, le soleil, la lune n'ont pas de chars, mais des barques; puis, embrouillant ses notes et pour satisfaire son désir d'assimilation. Osiris devient l'Océan et Isis, Téthys. Ne pouvant établir où se trouve le tombeau d'Osiris : « Peu importe s'écrie-t-il où est le corps, les âmes des dieux sont dans les astres, Isis dans Sothis (canicule), Horus dans Orion, Typhon dans la grande Ourse. » C'étaient en effet ce que pensaient les prêtres, sauf que la grande Ourse était plutôt habitée par Tahouéris l'hippopotame femelle, amante de Typhon.

A Thèbes, à ce qu'il assure, on adore un dieu éternel Cneph (χνουφις); il confond avec Amon ; Cnouphis, serpent à tête d'homme radiée, est un dieu Gnostique; il est vrai que ce reptile soleil peut être une forme d'Amon. Manéthon, dit-il encore, déclare qu'Amon veut dire « le caché » c'est pour cela que dans les cérémonies la foule l'appelle à grands cris « Amen, Amen ! » C'est qu'en effet Amon, le soleil est tantôt visible, tantôt caché, mais Amon (Amen) signifie mieux : l'intermittent, le quotidien. Le Scarabée est un symbole de résurrection parce que, dit l'écrivain, il met ses œufs dans une boule stercorale qui a la forme du soleil ; mais est-ce une raison pour affirmer que tous les Scarabées sont mâles? Il nous apprend que Minis (*Ména* le plus ancien roi) fut le premier qui donna à l'Egypte le goût du bien-être ; mais pourquoi raconter qu'à cause de cela il est l'objet des imprécations des Egyptiens? Enfin, il pense que sur les bords du Nil il y a eu des castes comme aux Indes et ce n'est pas vrai.

S'occupant des Egyptiens il devait naturellement parler des oignons que ce peuple était censé adorer. Il en dit deux mots pour assurer que les prêtres considèrent ces légumes comme impurs et qu'ils s'en abstiennent; donc ils ne les adoraient pas. Voilà l'erreur rectifiée.

Mais ils adorent les animaux ! Cela le fait entrer en indignation car il ne comprend pas le sens symbolique, et le plus souvent simplement hiéroglyphique, des animaux sacrés qui représentent des dieux surtout parce que leur représentation sert à écrire le nom de ces dieux. Ce n'est qu'aux basses époques qu'on a été jusqu'à élever dans les temples des singes, des ibis, des serpents ou des chats.

III

On voit donc que les renseignements que Plutarque donne sur les idées égyptiennes sont, au fond, généralement exacts, mais il les présente défigurés, soit qu'il les ait reçus tels, soit qu'il les dénature par ses explications. Cette incertitude dans l'information au sujet des choses de l'Egypte est frappante; elle disparaît tout à fait quand il nous parle du culte égyptien tel qu'on le pratiquait de son temps en Italie et en Grèce, parce qu'alors il nous dit ce qu'il voit autour de lui, ou ce que lui racontent ses amis les initiés, Cléa peut-être, elle-même, qu'il semble pourtant vouloir instruire.

Ainsi cette description des monuments où se célèbre le culte : « Ces sacrifices empreints en quelque sorte d'un deuil farouche, ces dispositions architecturales des temples, desquels une partie se déploie en ailes, en promenades découvertes et à perte de vue, tandis que l'autre partie se cache, se dérobe sous terre et ne se compose que de cellules où l'on orne et habille les statues des dieux ; cellules qui ressemblent plutôt à des cavernes et à des tombeaux. »

A la rigueur on peut reconnaître là un édifice de l'époque Ptolémaïque, comme Dendera où le sanctuaire obscur s'entoure de chambres sacrées, sans ouvertures, destinées à représenter les salles de l'amenthi que l'âme devait parcourir en barque. Mais, comme il est plus facile d'y voir les temples d'Isis de l'Europe qui, rituellement devaient pénétrer en cryptes saintes sous la terre, personnifiée par la déesse et où se trouvait un *mégarum*, grotte parfois, ou cave, comme à Pompéï; local étrange où l'initié devait venir chercher les apparitions nocturnes. Et aussi les vastes colonnades où se déroulaient les processions de la foule, telles qu'on les voit dans une peinture du Musée de Naples qui sert de décor à une offrande de flambeaux faite à Horus par un jeune prêtre à tête rasée.

Ces idoles cachées dans les grottes éclairées de la seule lueur des cierges, Plutarque nous dit comment on les habillait. « Les vêtements d'Isis sont teints de couleurs bigarrées parce que son pouvoir s'étend sur la matière, qui reçoit toutes les formes, qui est susceptible de subir toutes les modifications possibles, puisqu'elle devient lumière, ténèbres, jour, nuit, eau, feu, vie, mort, commencement, fin. Mais la robe d'Osiris ne présente ni ombre ni variété ; elle est d'une seule couleur, et elle a l'éclat du jour, attendu que le principe de tout est sans mélange, que l'être primitif et intelligible est essentiellement pur. Aussi, après que ce vêtement a été exposé une seule fois, on le met de côté, et on le garde religieusement : comme tout ce qui est pure intelligence, on veut qu'il échappe au regard et au toucher. Mais on se sert souvent des robes d'Isis.

Dans le sanctuaire était un réduit fermé ; au printemps, dit Plutarque, les sacristains retirent du tabernacle le coffre sacré qui contient le petit vase d'or dans lequel on verse de l'eau douce. L'assistance pousse un grand cri, pour faire comprendre qu'Osiris est retrouvé. On verse de l'eau avec des parfums sur la terre et l'on pétrit une petite figure en forme de croissant. On l'habille, on la pare, car c'est la combinaison d'Isis et d'Osiris, la terre et l'eau. » Plusieurs peintures et une statue mutilée trouvée à Lyon nous montrent le prêtre, les mains cachées sous les plis de son manteau blanc, tenant à travers l'étoffe le vase précieux pour le présenter à la foule de la même façon que les prêtres chrétiens tiennent l'ostensoir pour donner la bénédiction.

Pendant les cérémonies, les initiés, faisaient en les secouant, vibrer les cistres. « Le cistre indique que tous les êtres doivent être agités sans que rien fasse cesser leur mouvement, et qu'il faut en quelque sorte les remuer, les réveiller de leur état de marasme et de stupeur. Ils prétendent en effet qu'au bruit des cistres Typhon est détourné et mis en fuite. La partie supérieure du cistre est d'une forme convexe, et à ce sommet sont fixées les quatre choses qui se secouent. Car la portion du monde qui est engendrée et qui doit périr est contenue dans la sphère de la lune ; et dans cette portion tous les mouvements, toutes les variations éprouvées sont l'effet de la combinaison des quatre éléments, le feu, la terre, l'air et l'eau. Au sommet de la convexité du sistre est ciselé un chat à face humaine ; et au bas de l'instrument, au-dessous des choses que l'on secoue se voient d'un côté le visage d'Isis, et de l'autre celui de Nephtis. Par ces deux emblèmes l'on désigne la naissance et la mort qui sont les mutations diverses et les mouvements subis par les quatre éléments. Le chat représente la lune à cause de la variété de ses couleurs, de son activité pendant la nuit et de sa fécondité. » Je dois faire observer que généralement le chat qui surmonte les sistres est une chatte allaitant ses petits. Plutarque ajoute du reste : « Cet animal dit-on porte la première fois un petit, puis deux, puis trois, puis quatre, ensuite cinq, jusqu'à sept, de sorte qu'en tout il va jusqu'à vingt-huit nombre égal à celui des jours de la lune. » A la xviii⁰ dynastie époque ou les sistres apparaissent dans les cérémonies ces instruments sont beaucoup plus simples et par conséquent moins symboliques. Remarquons que les sistres boudhiques ont aussi pour rôle de chasser les mauvais esprits.

Les emplois, les titres dans la prêtrise isiaque étaient nombreux et variés ; Plutarque nous parle des Hiérophores et des Hiérostoles. Si les Hiérophores renferment la doctrine dans leur âme comme en un *naos*, les Hiérostoles portent des costumes sacrés de couleur sombre et rehaussés d'ornements brillants car les doctrines sont tantôt obscures, tantôt évidentes et lumineuses. On recouvrait après leur mort les Hiérostoles de ces vêtements pour qu'ils passassent dans l'autre vie avec ce simulacre de la parole divine. En même temps l'auteur décrit la robe de lin et la tête rasée des prêtres isiaques. Y a-t-il contradiction, ou s'agit-il de costumes sacerdotaux différents. Une peinture d'Herculanum nous montre des donneurs d'eau bénite barbus à longue chevelure, vêtus de robes noires à franges et de petites chasubles brillantes et très ornées D'autres fresques représentent les prêtres à robe de lin et à tête rase. Sont-ce deux époques, deux sectes ou deux grades ? Le prêtre de Nîmes, dont on a trouvé le tombeau il y a peu de temps, était sans doute un Hiérostole. Sa chasuble noire et or avait été déposée dans son sarcophage. Le temps n'a laissé venir à nous que les ornements en bronze doré et les sistres (1). Ces ornements, percés de petits trous pour être cousus, sont un croissant et deux épis ; Diodore de Sicile dit dans une même phrase ; Isis est la lune (le croissant), Isis est Cérès (les épis.)

On croit généralement d'après quelques auteurs latins, mal compris du reste, que dans les mystères d'Isis on s'amusait énormément. Il faut revenir de cette opinion. Les prêtres de la déesse égyptienne étaient des sortes de moines astreints à une vie très

---

(1) Tous les objets dont il est question dans cet article, ainsi que les fac-similé des peintures isiaques du Musée de Naples sont visibles au Musée Guimet, salle égypto-romaine.

N. D. L. R.

dure ; je parle du culte européen. Plutarque nous dit qu'ils sont soumis à un régime constamment modéré : s'abstiennent de beaucoup de mets et des plaisirs de l'amour.

Telle devrait être du moins la conduite des vrais initiés ; nous savons par Ovide, Catulle et Properce que les simples croyants ou croyantes ne se sanctifiaient ainsi que d'une façon intermittente. Non seulement les prêtres se privent de viande et de certains légumes, mais encore ils suppriment le sel, pénitence évidente ayant pour but de diminuer l'appétit et de laisser le corps plus alerte et moins alourdi par les digestions. Les prêtres ne boivent pas de vin. Cette interdiction est aussi de mode récente et à l'usage des néo-isiaques ; sous l'ancien empire, sous le moyen et le nouveau de l'histoire d'Egypte, les prêtres se mariaient et buvaient du vin ; on leur en offrait dans les proscimènes, et les tombes sacerdotales de Gournah montrent des vendanges. Sous Psamétick même, les prêtres buvaient du vin. Les isiaques latins ne mangeaient pas de poissons, évitaient tout aliment qui ait eu vie, enfin ils ne devaient ni boucher une source, ni détruire un arbre fruitier.

Ce n'est pas tout. Le prêtre d'Isis doit se vêtir de lin et se raser la tête. Plutarque donne plusieurs explications de ces usages. Si les prêtres ne portent pas de laine c'est parce que cette substance a appartenu à un être vivant ; s'ils portent du lin, c'est parce que la fleur de cette plante est bleue comme le ciel ; ou bien c'est en signe de deuil. Cette dernière raison doit être retenue à cause du sens que les bouddhistes de l'Inde donnent à ce même costume qu'ils portent encore maintenant ; de même qu'ils se rasent la tête pour faire pénitence, de même Çàkya Mouni prit pour vêtement un linceul arraché à un mort. Les prêtres de la xviiie dynastie portaient déjà la tête rasée et la robe blanche plissée. Ceux de la IVe avaient la perruque ou le crâne tondu, ils n'étaient vêtus que de la *shenti*, que les rois du nouvel empire ont continué à porter pour officier dans les temples.

Plutarque peut donc avoir raison en voyant dans ces usages une purification, mais il ne faut pas repousser l'idée de pénitence. Notre auteur conclut avec sagesse : « La robe de lin ne fait pas le prêtre, pas plus que le manteau ne fait le philosophe. Le véritable isiaque est celui qui s'étant fait instruire de ce qui s'enseigne et se pratique au sujet des divinités soumet les saintes doctrines à l'examen de sa raison et s'étudie à en approfondir la vérité. L'imitation ne suffit pas. Il faut encore la méditation et le libre examen. »

Voilà comment les sages de son temps comprenaient la foi. Ces idées, très imprégnées de philosophie, sont assez éloignées des conceptions égyptiennes, et si nous poursuivons l'examen des pensées du prêtre d'Apollon sur la nature d'Isis, nous trouverons une manière de se figurer les dieux de l'Egypte bien caractéristique des préoccupations platoniciennes de Plutarque.

Les « Vies des hommes illustres » qui l'ont rendu célèbre lui ont procuré par leur rédaction plus d'un agrément. Il aimait à prendre des notes sur toute chose, et avec ces compilations faire de la littérature.

Les biographies terminées, il employa sa réthorique à écrire des comparaisons entre les personnages dont il avait raconté les hauts faits. Mais ses pensées étaient plus haut que la vie des hommes.

Les « œuvres morales » qui sont moins lues, nous décèlent une aspiration incessante vers les secrets de la nature, une attraction des transcendances, un désir ardent de connaître le vrai.

Dans l'ordre matériel il était peu renseigné, d'abord parce que la science d'alors était bien rudimentaire, et aussi parce qu'il n'avait pas lu ou n'avait pas su lire Aristote ni les mathématiciens. Les divagations de ses « propos de tables » le démontrent. Mais dans l'ordre surnaturel il est plus à son aise, parce qu'alors la preuve exacte n'est pas utile, par la raison qu'elle est impossible.

Confiant dans ses raisonnements, à plusieurs reprises, il cherche à s'élever jusqu'à la compréhension nette de la divinité. Il accumule les hypothèses, échafaude les preuves et il s'élance vers l'infini ; il monte, il lui semble qu'il monte ; ses idées alourdies par les arguments, engluées parfois par les conceptions païennes, gravissent quand même les sommets de la philosophie et il finit par avoir la conviction de son ascension vers les clartés métaphysiques.

C'est à la fin de son travail sur Isis qu'il a plané le mieux dans les Olympes ; mais pour en arriver là, quels détours, quelles hésitations, de combien de formules mythologiques il a dû se dégager. Finalement, quel effort victorieux !

Ses sentiments étaient très religieux. Il avait en horreur la superstition ainsi que l'athéisme. Avec sagesse, il conseille à Cléa de ne pas prendre à la lettre les récits étranges qu'on débite sur les dieux. Une de ses idées dominantes est qu'il vaut mieux comprendre les dieux que d'observer strictement les prescriptions

sacréés et ce qu'il aime dans les cérémonies égyptiennes c'est
que, selon lui, elles n'ont rien de superstitieux ; elles se fondent
sur des principes de morale, d'utilité, sur d'intéressants souvenirs
d'histoire, ou sur des explications physiques.

Seulement, dans ce désir qu'il a de faire la part de ce qui est
raisonnable et de ce qui est absurde, on ne sait trop ce qui le
guide, et parfois il approuve des idées qu'il devrait condamner ;
souvent aussi il se mettra en colère contre d'autres doctrines qui
ne sont pas plus répréhensibles que les croyances qu'il préconise.

Ce prêtre d'Apollon, cet initié aux mystères de Bacchus, croyait
sincèrement aux divinités de la Grèce. Aussi dût-il éprouver un
certain malaise quand il apprit que d'autres personnages divins
présidaient aux destinées de l'Egypte. Comment accorder le rôle
de ces dieux étrangers avec l'existence de ceux qui dirigeaient
déjà le monde entier ? Et alors il se demande en premier lieu si les
dieux de l'Egypte ont été divinisés ? Non ! Plutarque se révolte
contre le système d'Evhémère qui, assure-t-il, conduit à l'athéisme ;
Mais, croit-il, les divinités égyptiennes ont été des génies puissants
et il appelle à la rescousse Homère, Hésiode, Platon, Xénocrate,
Chrysippe, pour expliquer la nature des δαίμονες. Il raconte qu'Osiris et Isis, de bons génies qu'ils étaient, se sont trouvés changés en
Dieux à cause de leurs vertus ; il admet la promotion, sans dire
qui y a présidé. Finalement ils reçoivent les honneurs qu'on
rend à la fois aux Dieux et aux Génies ; ils exercent sur terre et
dans les enfers un pouvoir considérable.

Voilà le couple divin monté en grade, mais il faut comprendre
comment nés en Egypte, étant en quelque sorte l'Egypte elle-même,
ils peuvent être utiles aux autres pays. C'est ici que se fait clairement la séparation de l'Isis égyptienne et de l'Isis romaine, la
première demeurant très inférieure à celle que l'Europe adopta.

En Egypte, explique Plutarque, Osiris est le Nil, Isis la partie
de la terre fécondée par le Nil, Horus est la vie végétale qui
résulte de cette fécondation, Nephtys les terres salées qui avoi-
sinent la mer et, par cela même, la femme de Typhon qui lui, est
l'Océan comme il est aussi le désert, personnifiant les deux ennemis de la terre égyptienne.

> L'eau vaste et froide au Nord, au Sud le sable ardent
> Se disputent l'Egypte. Elle rit cependant
> Entre ces deux mers qui la rongent.

Les luttes de Typhon sont l'envahissement des terrains salés et

l'intensité de la sécheresse, le sel et le sable. La reine d'Ethiopie
qui vient en aide à Typhon serait le vent du Sud. Le corps d'Osiris,
renfermé dans un cercueil, c'est le Nil resserré au mois d'Athyr;
les nuits deviennent plus longues et les prêtres font des cérémonies funèbres, ils couvrent d'un vêtement noir leur bœuf d'or et le
promènent quatre jours de suite. Le premier on déplore la retraite
du Nil, le deuxième l'extinction des vents du Nord, le troisième
la diminution des jours et le quatrième le desséchement des arbres
qui perdent leurs feuilles.

Pour presque tous les peuples, l'hiver est un sommeil du Dieu,
l'été un réveil; mort et résurrection. De là, les fêtes lugubres.
Les peuples crurent à ces naissances, à ces trépas; Plutarque
ajoute : « ils se remplissent ainsi de dogmes absurdes, impies et
qui ne sont que confusion. » Et il cite le dilemme de Xénophane
le Colophonien : « ou les Egyptiens croient à la divinité de leurs
dieux, et alors ils ne doivent pas les pleurer, ou ils les pleurent,
et alors ils ne doivent pas croire à leur divinité ».

Notre auteur réclame pour l'Univers les dieux de l'Egypte mais
il les veut purs, parfaits ; il élimine de leur substance tout ce que
les habitants des bords du Nil y ont mis de grossier. Il ne comprend pas les dieux locaux ; pourquoi la déesse d'une ville, le dieu
d'un peuple ? Il ne veut pas que des objets deviennent des divinités ; pas de fétichisme. Il ne faut point dire le vin est Bacchus, le
blé est Cérès. Les idoles ne sont pas des dieux, c'est une croyance
perverse de confondre la statue avec le génie qu'elle représente.
Et les animaux sacrés! Les égyptiens en les adorant ont sur-
chargé leur lithurgie de pratiques ridicules et bouffonnes; non,
n'ayons pas en religion ces idées mesquines. C'est la providence
qui dirige tout avec l'aide des forces secondaires.

Ainsi allégé des superstitions locales, l'olympe égyptien pourra
être accepté et vénéré par les philosophes de l'Europe. Mais dans
la traversée de la Méditerranée voilà que ces personnages divins
se sont singulièrement transformés.

Osiris assimilé à Sérapis devient Pluton. Phtha devient Ephes-
tios et Vulcain. Anubis à tête de chacal est confondu avec Mercure, et même Plutarque, qui semble ignorer l'assimilation, se
demande avec étonnement pourquoi Mercure a parfois une tête de
chien. Amon s'appellera Jupiter et ainsi des autres.

A mesure que ces êtres surnaturels s'éloignent de leur pays d'origine, leur rôle égyptien disparaît. Osiris et Isis ne sont plus

l'eau, le soleil, la terre, le ciel ; Typhon n'est plus le feu, la sécheresse, la mer ; il est l'exagération des choses ; Osiris et Isis sont la mesure et la régularité. C'est, dit Plutarque, une même et commune intelligence qui fait présider Isis et Orisis à ce qui est la part du bien. Tout ce qui dans la nature est beau et parfait existe par eux, Osiris en donne les principes régénérateurs, Isis les reçoit et les distribue.

Il faut retenir ce qu'il dit d'Horus : « C'est le monde né du principe bon et de la matière : il n'est ni éternel ni exempt d'affection, ni incorruptible. Mais il renaît toujours ; et grâce aux changements d'état, aux révolutions par lesquelles il passe, il est constamment jeune et ne risque jamais d'être anéanti. » C'est en effet sous la forme d'enfant qu'Horus a été adopté par les Européens. Les Egyptiens l'appelaient Hor-pe-Koti (Horus enfant), d'où les grecs ont pris le mot d'Harpocrates, et en changeant de pays, le jeune dieu a été victime d'une singulière confusion. Il était représenté avec, sur le côté de la tête, une tresse roulée en forme de corne, et d'un doigt il montrait sa bouche, car c'était le dieu de la parole et de l'éloquence. Plutarque dit lui-même que dans le mois de Mésori on offre des légumes à ce dieu en disant : « Langue est fortune, langue est génie. » Mais les artistes grecs ont pensé que l'index sur les lèvres indiquait le geste du silence et quant à la tresse, ils l'ont déplacée et mise sur le bras gauche pour en faire une corne d'abondance ; le silence est d'or. Et Plutarque explique qu'Harpocrate tient le doigt sur la bouche comme symbole de discrétion. Le même dieu représente pour les Egyptiens le verbe, pour les Grecs, le mutisme.

Il est curieux que Plutarque semble ignorer tout à fait le rôle particulièrement funéraire d'Osiris et d'Isis. Pourtant Osiris est le mort type, la momie idéale, le dieu Cadavre ; la légende de ce dieu est l'histoire d'un cercueil.

Les pyramides, les hypogés royaux, les colossales constructions de Thèbes ou de Philæ, ne sont que des tombeaux ou des temples funéraires consacrés à Isis, à Osiris, lugubres dieux des âmes, directeurs des régions infernales. Plutarque, il est vrai, cite Archémaque d'Eubée, Héraclide de Pont, d'après lesquels Sérapis serait Pluton, Isis Proserpine ; mais il n'y croit pas. Il est probable que les isiaques latins et grecs ne parlaient qu'aux initiés de ces choses de l'autre monde; car Plutarque a cette phrase qui explique et excuse son ignorance du mythe osirien : « Il est un dogme qui inspire aux prêtres d'aujourd'hui une horreur religieuse et dont ils font un mystère qu'ils ne dévoilent qu'avec une réserve extrême. »

Au contact des idées grecques, les divinités de l'Egypte s'estompent, s'éteignent, disparaissent absorbées par les conceptions déjà établies. Mais Isis résiste, mieux que cela, elle grandit, s'illumine, recueille sur sa tête toutes les auréoles, elle résume les aspirations nouvelles et semblant se confondre avec les mythes grecs, elle les transforme, les embellit et les entraîne à sa suite ; on lui donne toutes les qualités des déesses et toutes les vertus des dieux : en elle on croit voir Cérès, Vénus, Proserpine, Diane, Athéné, la terre, la mer, le ciel ; c'est la Nature, c'est la Pensée.

Plutarque lui donne un rôle superbe. Le but de ses adorateurs est la connaissance de l'Être premier, de l'Être souverain, de l'Être pure intelligence, qui vit avec la Déesse, qui vit en elle ; clairement Isis est presque le dieu suprême !

Elle en approche tellement qu'elle se confond avec lui. Les âmes des hommes tant qu'elles sont ici-bas n'ont point de communication avec la divinité, hormis celle que peut réaliser l'intelligence par le secours de la *philosophie* et comme dans les visions confuses d'un songe. Mais lorsque, dégagées de leurs liens, les âmes échangent la terre contre un séjour immatériel, invisible et mystérieux, centre de pureté, que ne trouble aucune passion, ce même Dieu devient alors leur chef et leur roi. Les âmes s'attachent étroitement à lui et contemplent avec une allégresse, un désir insatiable, cette beauté qui échappe à tout contact, à tout regard humain. »

Et dans ce paradis, voici le rôle d'Isis : « C'est cette même beauté dont Isis, selon l'ancienne mythologie, est toujours amoureuse, qu'elle poursuit sans cesse, avec laquelle elle s'unit, répandant ici-bas tous les biens et tous les avantages sur les êtres qui sont le produit d'une telle union. »

On le voit, ce n'est plus Isis, terre d'Egypte, Isis infatigable pleureuse, couchée éperdue sur le corps d'Osiris défunt, Isis, nourrice d'Horus, nourrice des rois : maintenant la déesse sert d'intermédiaire entre Dieu et la nature, entre Dieu et les hommes. C'est en étudiant ses fonctions surnaturelles que Plutarque arrive à la perception d'un Maître de l'Univers, la compréhension d'un souverain des âmes, la vision lumineuse, presque chrétienne de l'Éternel.

Emile GUIMET

Fleurieu, 30 Janvier 1897.

AUXERRE. — IMPRIMERIE ALBERT LANIER, RUE DE PARIS, 43.

www.ingramcontent.com/pod-product-compliance
Lightning Source LLC
Chambersburg PA
CBHW061747060726
47597CB00007B/2816